Materialität Matérialité Materiality

5 Bibliotheca

MATERIALITÄT MATÉRIALITÉ MATERIALITY

Andrea Bassi, Roberto Carella

Quart Verlag

NOTAT

Heinz Wirz

Die Geschichte der Architektur belegt eindrücklich: Seit der Antike ist der Architekt geneigt, Rechenschaft über seine Architektur abzulegen. So schreibt etwa Hanno Walter Kruft in seiner denkwürdigen *Geschichte der Architekturtheorie* (München 1985), dass «Architekturtheorie für den praktizierenden Architekten unerlässlich ist, wenn er sich darüber klar werden will, nach welchen Grundsätzen er gestaltet.» Dies verfolgen in diesem Band die Genfer Architekten Andrea Bassi und Roberto Carella. Ihre Rechenschaft über ihr Handeln mündet in eine vertiefte Recherche, die die Möglichkeiten der Bautechnik und Materialtechnologie, hier mit Schwerpunkt Betonoberflächen, auslotet. Es geht um Stofflichkeit und Fragen der Wahrnehmung bis hin zu grundlegenden städtebaulichen Über-legungen. Zu 13 bemerkenswerten Bauten aus dem Atelier Bassi Carella Marello sind die Betonrezepturen minutiös aufgelistet, ganz ähnlich wie etwa Andrea Palladio in seinen *Quattro Libri dell'Architettura* (1570) die exakte Zusammensetzung von Verputzen und anderen Bauteilen aufzeichnete. Mit einfachen Adjektiven spielen die zwei Genfer Architekten auf die Wir-kung der Betonoberflächen an und schlagen so Brücken bis zur Poesie der Oberflächenwirkungen.

Diesem Band «Materialität» werden weitere zu verschiedenen archi-tektonischen Themen folgen. Damit verfolgen die Architekten schliesslich, was Paul Valéry in seinem Architekturdialog *Eupalinos* (1923) zum Verhältnis von Theorie und Praxis beschreibt, nämlich dass Theorien der Architekten «zuweilen, wenn sie am Äussersten angekommen sind, Waffen liefern für die praktische Anwendung».

L'histoire de l'architecture le révèle clairement : depuis l'Antiquité, l'archi-tecte a tendance à témoigner au sujet de son architecture. Hanno Walter Kruft écrit ainsi dans sa mémorable *Histoire de la théorie de l'architecture* (Geschichte der Architekturtheorie, München 1985) que la «théorie de l'architecture est indispensable à l'architecte en exercice désirant établir clairement les principes de sa conception.» Les architectes genevois Andrea Bassi et Roberto Carella appliquent cette démarche avec rigueur dans ce tome. Les réflexions sur leur pratique aboutissent à une recherche approfondie sur les possibilités offertes par la technique de construction et la technologie des matériaux – principalement ici les surfaces en béton. Il s'agit de matérialité et de questions relatives à la perception, jusqu'à des réflexions urbaines fondamentales. Les mélanges de béton de treize réalisations remarquables de l'atelier Bassi Carella Marello sont passés en revue de façon minutieuse, de la même façon qu'Andrea Palladio avait consigné la composition exacte de crépis et d'autres matériaux de construction dans son *Quattro Libri dell'Architettura* (1570). Avec de simples adjectifs, les deux architectes genevois évoquent l'effet des surfaces en béton et lancent ainsi des ponts avec la poésie des effets de surfaces.

Ce tome «Matérialité» sera suivi d'autres, portant sur des thèmes chers aux architectes. Ils poursuivent en fin de compte ce que Paul Valéry décrivait dans son dialogue sur l'architecture *Eupalinos* (1923), à propos de la relation entre théorie et pratique : «Et il arrive que l'extrême de la spéculation donne(nt) parfois des armes à la pratique».

The history of architecture emphatically shows: since ancient times, the architect has tended to justify his architecture. For instance, in his notable book *Geschichte der Architekturtheorie* (Munich 1985), Hanno Walter Kruft states that, "architectural theory is essential for the practising architect if he intends to clarify the principles according to which he designs." The Geneva architects presented in this volume, Andrea Bassi and Roberto Carella, do so extensively. Their justification of their work expands into in-depth research that sounds out the potential of building methods and material technology, in this case focusing on concrete surfaces. They address aspects of materiality and questions of perception right down to underlying urban planning considerations. The compositional recipes of thirteen impressive buildings by Bassi Carella Marello are meticulously detailed in a very similar way to Andrea Palladio's record of the exact composition of plaster and other building elements in his *Quattro Libri dell'Architettura* (1570). The two Geneva architects use simple adjectives to describe the effect of the concrete surfaces, thereby bridging the gap to their poetic quality.

This volume on "Materiality" will be followed by others on a variety of architectural themes. In this way, the architects ultimately pursue what Paul Valéry described in his architectural dialogue *Eupalinos* (1923) with respect to the relationship between theory and practice: "sometimes, speculation taken to the extreme provides weapons for practical application."

Andrea Bassi, Roberto Carella

Andrea Bassi, Roberto Carella

MATÉRIALITÉ 15

Andrea Bassi, Roberto Carella

MATERIALITÄT

Andrea Bassi und Roberto Carella

In der Naturbetrachtung ist unsere Wahrnehmung der Dinge eng mit Formen und Stofflichkeiten verbunden. Optisch erkennen wir diese in den Materialien und vor allem in deren Oberflächen. Für die Architektur können wir dasselbe konstatieren: Die Dichotomie von Form und Material ist untrennbar mit der Art verbunden, in der wir Dinge wahrnehmen. Die starke emotionale Aufladung von Materialien ist ein Hauptcharakterzug der Dinge.

In den letzten Jahren hat sich unsere *recherche patiente* auf einige Überzeugungen konzentriert, vor allem auf das Bewusstsein eines kollektiven Wertes von Architektur. Es will uns scheinen, dass sich seit einigen Jahrzehnten das *Einzelobjekt*, in seiner Eigenschaft als Werk eines künstlerischen, oftmals selbstreferenziellen Geistes, über die verantwortungsvolle Vision einer Stadtarchitektur gelegt hat. Zugleich hat man den Blick eher auf das Einzelmonument als auf das Stadtgebilde, den Lebensraum der Stadt, gerichtet. Eine städtische Architektur ist in ihrer Essenz kollektiv, sie sucht nicht nach Einmaligkeit, sondern nach zu teilenden Regeln. Sie versucht eher ein Gefühl der Kontinuität zu erzeugen als eines der Ausnahme, sie vermeidet das Spektakuläre. Auf der Suche nach einer urbanen Architektur halten wir Einfachheit, Ruhe und Tiefgang für notwendig – in der Hoffnung, ein nachhaltiges Werk zu schaffen.

Die Frage nach der Materialität ist Teil dieser Suche nach gemeinschaftlichen Werten. Sie durchströmt die gesamte Architekturgeschichte und ist den konstruktiven und ästhetischen Regeln jeder Epoche eingeschrieben. Sie ist eng verbunden mit einer Architektur, die jedem verständlich ist, der *Wahrnehmung* als zentral anerkennt. In unseren Projekten scheint die Materialfrage immer wieder systematisch auf, um ein Objekt zu charakterisieren; dieses Bedürfnis ist unlösbar mit den Konstruktionsprinzipien verbunden. Unsere Erkundung ist konkret und handwerklich, sie richtet den Blick auf die berufsinternen Regeln. Sie ist einer Architektur eigen, die an *Baukunst* glaubt und, in gewissem Sinne, an die Suche nach dem *Schönen im Wahren*. Der Nachweis von Stofflichkeit wird zur getreulichen Demonstration eines konstruktiven Entschlusses. Es gefällt uns, in der Materialität eine ebenso urbane wie architektonische Dimension zu erkennen. In der alten Stadt war der Akt

11

des handwerklichen Bauens unmittelbar mit den in der Region vorhandenen Baumaterialien und den entsprechenden Bautechniken verbunden. Die alte Stadt wurde von der Antike bis ins 20. Jahrhundert durch eine homogene Materialität charakterisiert, nur Monumente wie Kirchen oder staatliche Repräsentationsbauten formulierten ihre Andersartigkeit aus. Diese identitäre Fortschreibung zerbricht mit der Entwicklung zeitgenössischer Technologien und an einer Gesellschaft, in der persönliche Freiheit höher geschätzt wird als kollektive Verantwortung. Dasselbe geschieht in der Architektur der einfachen Gebäude. Indem diese Formen- und Materialvielfalt kumulieren, verlieren sie ihre Ausdruckskraft. Die Frage nach der Rückkehr zu einer Einheitlichen Materialisierung der zeitgenössischen Stadt stellt sich nicht, stattdessen gilt es in ihrer Charakteristik identitätsbezogene Regeln des Urbanen zu entdecken. Vielleicht wäre es ratsam, zu stärkeren gemeinsamen Überzeugungen und einer bestimmten Form der *Tendenza* zurückzukehren.

Die Frage nach der Stofflichkeit ist allgemeingültig, sie bezieht sich auf keinen speziellen Baustoff; es existiert kein Material oder konstruktives System, welches besser oder interessanter wäre als ein anderes. Wir verwenden ein empirisches Verfahren, um die Potenziale einer konstruktiven Technik oder eines Baustoffs zu eruieren. Der Ort, an dem sich Materialität ausdrückt, das sind die äussersten Millimeter der Materialoberfläche; hier, im Kontakt mit der Umwelt – Licht und atmosphärischen Einflüssen ausgesetzt –, entwickelt sich Stofflichkeit. In diesem besonderen Moment stimuliert unser Blick die Sinne, es werden Emotionen evoziert und manchmal wird es sogar poetisch.

Wir betreiben unsere stetige Forschung mit der geistigen Offenheit für einen Beruf, der eine Vielzahl von Akteuren mit spezifischen Rollen vereinigt. Diese Neugierde erfordert aufgrund der Fülle an Informationen und Alltagserfahrungen permanente Beobachtung. Sie stellt sich in unseren laufenden Projekten dar, wie auch in unserer Erfahrung in Lehre und Recherche und ganz besonders in der Interpretation der uns umgebenden Realität. Wir haben das Glück, unseren Beruf mit Bauleuten zu teilen, die über ein beachtliches Können verfügen. Das ermöglicht es uns, Intuition in tatsächliche Erfahrung zu verwandeln. Muster und Prototypen erlauben es, den gesuchten Effekt imaginierter Materialität vorab zu prüfen. Dieser Schritt ist äusserst wichtig, um die abstrakten Intentionen mit der Wahrnehmung der Realität abzugleichen, bevor sie auf den Massstab eines Gebäudes übertragen werden.

Wir haben unsere Überlegungen auf Beton konzentriert. Die Mehrheit der zeitgenössischen Städte ist aus diesem Material und damit einhergehenden Konstruktionsprinzipien errichtet. Beton nimmt einen zentralen Platz in der Architekturgeschichte ein, von den Römern bis zur aktuellen Avantgarde. Er nimmt unzählige Formen an, er repräsentiert das urbane Baumaterial schlechthin. Wir verwenden ihn in einer Art *sensibilisierter Normalität*. Dabei geht es uns, ohne Neues erfinden zu wollen, darum, seine

expressiven Potenziale zu nutzen. Allerdings wenden wir dafür aktuelle Aus-
führungssysteme an und bringen die Einfachheit seiner Zusammensetzung
aus Zuschlagstoffen, Zement und Wasser zum Sprechen.

Beton ist ein sehr sensibles Material, das sich über die Wahl der
mineralischen Zuschlagstoffe und die Behandlung der Oberfläche ohne grossen Aufwand verändern lässt. In der öffentlichen Meinung ist das Bild des
Betons zur Karikatur verkommen; zu oft wurde seine Rezeptur banalisiert,
war er von der Form der Schalung abhängig. Es ist relativ einfach, sich mit
aktuellem Know-how von diesen schlechten Gewohnheiten zu verab-
schieden. Im Gegensatz zu anderen Baumaterialien besitzt Beton die natür-
liche Fähigkeit, auf Widersprüche und Begebenheiten der zeitgenössischen
Stadt zu reagieren und dabei eine unübersehbare expressive Variationsbreite
zu ermöglichen. Wir konzentrieren unsere Anstrengungen auf das Ab-
schleifen der Oberfläche, um die verborgene, im Vorfeld sorgfältig gewählte
Zusammensetzung des Baustoffs zu enthüllen.

Beton ist ein Werkstoff mit einem starken regionalen Fabrikations-
potenzial, das sich hervorragend mit Prinzipien der *ökologischen Industrie*
und nachhaltiger Entwicklung verbinden lässt. Seine Bestandteile sind, so-
fern man dies wünscht, in einem eng begrenzten Umkreis auffindbar, ihre
Vorbereitung und Verarbeitung kann oft *in situ* geschehen. Dieser Aspekt,
ebenso wie jener der Recyclingfähigkeit, interessiert uns besonders. Und
in unseren jüngsten Bauprojekten verwenden wir Zuschlagstoffe und Sand
lokaler Herkunft. Im Falle von Zement bietet der Markt ebenfalls eine
Vielzahl von Produkten, die diesem Anliegen entsprechen. Dank des Vor-
handenseins von Herstellern aus der Region können wir uns innerhalb eines
Umkreises von wenigen Kilometern mit Zement versorgen. In unseren Projekten bieten wir die Rückkehr zu einem regionalen Beton mit einer weniger
technologischen und natürlicheren Rezeptur an.

Obwohl die Palette der Möglichkeiten sehr gross ist, haben wir sie
nach den oben formulierten Feststellungen auf eine ideale *regionale Rezeptur* beschränkt. Im Allgemeinen haben wir zwei unterschiedliche An-
sätze: Der eine betrifft repräsentative Gebäude oder Bauobjekte mit ein-
zigartigem Charakter, der andere interessiert sich für Programme der
Wohn- und der Bürogebäude, aus denen sich weite Teile der Stadt zusam-
mensetzen. Im ersten Fall finden wir, dass die Materialwahl unabhängig
von regionalen Beschränkungen vonstattengehen kann, Zuschlagstoffe
und Zement dürfen aus unterschiedlichsten Quellen stammen. Was die
zweite Kategorie anbelangt, sind wir der Meinung, dass der Identitäts-
aspekt der Stadt vorrangig sein sollte und die Verwendung regionaler
Betonzusammensetzungen unentbehrlich ist. Infolgedessen wird die mi-
neralische Erscheinung des Betons zur bewussten Materialität einer be-
scheidenen und verantwortlichen Architektur im Prozess städtischer
Kontinuität.

Die Entwicklung der Bau- und Konstruktionstechniken ist ein Motor des Wandels von Architektur. Wir greifen bei unseren Projekten zum grossen Teil auf vorgefertigte Bauteile zurück. Diese Wahl diktiert die Regeln des Bauprozesses. Seine Vorgaben erlauben uns sowohl Budgets als auch Zeitpläne einzuhalten und vor allem die Ausführungsqualität zu sichern. Wir präferieren diese Herangehensweise, weil sie es uns ermöglicht, die Themen hervorzuheben, die uns interessieren, wie etwa die Materialität. Die Vorfabrikation der Betonelemente bewirkt eine Rationalisierung der Konstruktionssysteme, die zu einer reduzierten, fast essenziellen Form führen und besonders interessant und kraftvoll im Rahmen einer städtischen Architektur sein kann.

Wir gehören einer Architektengeneration an, der die Chance gegeben ist, viel zu bauen. Den Bauprozess zu beherrschen ist das Wichtigste, um unsere Ideen und die Qualität des zu realisierenden Objekts zu verteidigen. Diese Charakteristik ist eng mit der Schweizer Architektur verbunden, die einen Teil ihrer Poesie aus dem Anspruch an Qualität und Bautechnik sowie aus der Präzision ihrer Ausführung schöpft. Wie viele verheissungsvolle Projekte verwandeln sich während des Übergangs von der Idee zur Realisierung in grosse Enttäuschungen? Diese Feststellung machen wir, wenn Architekten diesen Prozess schlecht geleitet haben, oder immer öfter auch, wenn diese die Bauüberwachung nicht übernehmen konnten. Es erscheint uns gefährlich, sich in dieser Phase eines Projekts zu distanzieren, nicht nur wegen des Kontrollverlustes über einen Teil des Bauprozesses, sondern wegen der Einbusse an Know-how. Unsere Annäherung an Architektur ist grundlegend mit dem Konstruktionsaspekt und der Qualität der Details verbunden, was die Suche nach Stofflichkeit exemplarisch veranschaulicht.

Zu Beginn jedes unserer Projekte werden Ort und Bauprogramm zu grundlegenden Aspekten der Projektstrategie. Im Zuge der Konzeption stellt sich die Idee zum Material und zur urbanen Grossform sehr schnell ein. Der grosse Massstab wechselt mit dem kleineren und gebiert, was den essenziellen Charakter des Gebäudes ausmacht. Um den Charakter eines Bauwerks zu beschreiben, benutzen wir gerne gewöhnliche Adjektive, die es jedoch erlauben, ein präzises Gefühl zu vermitteln. Dieser Zugang ist auf das Feld der *Phänomenologie* und der *Primärwahrnehmung* zurückzuführen. Indem wir alltägliche Adjektive benutzen, ermöglichen wir allen Betrachtern einen Wiedererkennungsprozess, der es ihnen erlaubt, sich mit dem betrachteten Gebäude zu identifizieren. Referenzelement ist dessen Baumaterial, das selbstverständlich an die Form gebunden ist, und in dem wir einen *konkreten* Zugang erkennen. Ohne die Vermittlung der semantischen oder anderen künstlerischen oder wissenschaftlichen Bereichen entliehenen Äusserungen schöpft die Architektur ihre Bedeutung aus dem Inneren ihres Kompetenzfeldes und entwickelt auf diese Weise einen Ausdruck innerhalb der *Baukunst*.

MATÉRIALITÉ

Andrea Bassi et Roberto Carella

Dans l'observation de la nature, la perception que nous avons des choses est intimement liée à la forme et à leur matérialité. La matérialité, c'est ce que nous reconnaissons visuellement de la matière et plus particulièrement sa surface. En architecture, nous pouvons faire le même constat, la dichotomie forme-matérialité est indissociable de la façon dont nous percevons les objets. La matérialité a une charge émotionnelle puissante, elle forge une partie essentielle du caractère des choses.

Ces dernières années, notre *recherche patiente* s'est concentrée sur quelques convictions, notamment sur la conscience d'une valeur collective de l'architecture. Il nous semble que depuis quelques décennies *l'objet unique*, en tant qu'œuvre d'un esprit artistique souvent autoréférentiel, a pris le dessus sur une vision responsable d'une architecture pour la ville. Parallèlement, le regard a été orienté plutôt vers le monument que vers le tissu urbain, corps vivant de la ville. Une architecture urbaine est collective par essence, elle ne cherche pas l'unicité mais les règles à partager. Elle essaye de produire une notion de continuité plutôt que d'exception, elle évite le spectaculaire. A la recherche d'une architecture urbaine, nous ressentons le besoin de simplicité, de calme et de profondeur dans l'espoir de produire une œuvre durable.

La question de la matérialité appartient à cette recherche de valeurs communes. Elle traverse toute l'histoire de l'architecture en s'apparentant aux règles constructives et esthétiques de chaque époque. Elle est intimement liée à une architecture ouverte à la compréhension par tout individu qui accorde à la *perception* un rôle central. Dans nos projets, la question de la matérialité revient systématiquement comme un besoin essentiel de caractériser l'objet ; ce besoin reste indissociablement lié au principe constructif. Notre exploration est concrète et artisanale, elle oriente son regard vers des règles internes au métier. Elle est propre a une architecture qui croit dans *l'art de construire* et, dans un certain sens, dans la recherche du *beau dans ce qui est vrai*. La mise en évidence d'une matérialité devient la démonstration fidèle d'une résolution constructive.

Nous aimons reconnaître dans la matérialité une dimension autant urbaine qu'architecturale. Dans la ville ancienne, l'acte de construire artisanal était étroitement lié aux matériaux présents dans la région et aux techniques constructives correspondantes. La ville ancienne, de l'antiquité au XXème siècle, était caractérisée par une matérialité homogène, seuls les monuments tels les églises ou les sièges du pouvoir civil imposaient leurs différences. Cette permanence identitaire s'est brisée lors de l'évolution des technologies contemporaines et par une société qui cultive la liberté personnelle plus que la responsabilité collective. Il en advient de même pour l'architecture des édifices qui, cumulant matériaux et langages, perdent toute leur force expressive. Il n'est pas question de revenir à une matérialisation unique de la ville contemporaine, mais de reconnaître dans cette caractéristique la possibilité de trouver des règles identitaires de l'urbain. Peut-être est-il question d'un retour à des convictions communes plus fortes et à une certaine forme de *Tendenza*.

La question de la matérialité est générale, elle n'appartient pas à un matériau en particulier et il n'existe pas de matériau ou de système constructif meilleur ou plus intéressant qu'un autre. Nous adoptons un procédé empirique dans l'intention de révéler les potentiels d'une technique constructive et d'un matériau. Le lieu dans lequel la matérialité s'exprime se situe dans les derniers millimètres d'épaisseur de la surface de la matière ; c'est au contact de l'environnement, à l'exposition de la lumière, et aux agents atmosphériques que la matérialité se révèle. Durant ce moment particulier, notre regard interagit et stimule nos sens, c'est ici qu'il peut évoquer des émotions et parfois devenir poétique.

Notre exploration est assidue mais pratiquée avec l'ouverture d'esprit propre à un métier qui doit fédérer une multitude d'acteurs avec des rôles spécifiques. Cette curiosité demande un niveau d'observation permanent dû au grand nombre d'informations et d'expériences vécues quotidiennement. Elle se fait à travers les projets en cours, ainsi que dans notre expérience d'enseignement ou de recherche, et spécialement dans l'interprétation de la réalité qui nous entoure. Nous avons la chance de partager le métier avec des professionnels de la construction qui détiennent un savoir-faire remarquable nous permettant de transformer des intuitions en expériences réelles. Des échantillons et des prototypes permettent de tester l'effet recherché d'une matérialité imaginée au préalable. Cette étape est extrêmement importante pour vérifier les intentions abstraites avec la perception du réel avant de pouvoir la traduire à l'échelle d'un bâtiment.

Le béton est le matériau sur lequel nous avons concentré nos réflexions. La très grande majorité des villes contemporaines sont réalisées avec ce matériau et avec les principes constructifs qui lui correspondent. Il occupe une place centrale dans l'histoire de l'architecture, des Romains aux avant-gardes actuelles, il prend d'innombrables visages, il représente le matériau urbain par excellence. Nous l'utilisons dans une sorte de *normalité sensible*. Il s'agit d'exploiter ses potentialités expressives sans chercher l'invention, mais plutôt en utilisant des systèmes de mise en œuvre actuels et en laissant parler la simplicité de sa recette faite d'agrégats, de ciment et d'eau.

C'est un matériau très sensible qui se laisse facilement transformer par le choix des agrégats minéraux qui le composent, et par le traitement de sa surface. Le béton souffre d'une image caricaturale dans l'opinion publique ; il est trop souvent banalisé dans sa composition et fortement dépendant de son système de coffrage. S'éloigner de ces mauvaises habitudes est relativement simple avec le savoir-faire actuel. Contrairement à bien d'autres matériaux de construction, il a une capacité naturelle de répondre aux contraintes et conditions de la ville contemporaine tout en offrant une grande variété expressive. Nous concentrons notre effort sur des traitements d'abrasion de la surface pour révéler la composition cachée de la matière soigneusement choisie au préalable.

Le béton est une matière doté d'un potentiel de fabrication fortement local qui s'inscrit idéalement dans les principes de *l'écologie industrielle* et du développement durable. Ces composantes sont, si on le désire, repérables dans un rayon restreint, leur préparation et mise en œuvre sont souvent réalisées in situ. Cet aspect, tout comme le recyclage, nous intéresse particulièrement et dans nos réalisations récentes nous utilisons des agrégats et des sables d'origine locale. Pour ce qui est du choix des ciments, il existe sur le marché de nombreux types répondant aux mêmes préoccupations. Grâce à la présence de cimenteries dans la région, nous pouvons nous approvisionner dans un rayon de quelques dizaines de kilomètres. Dans nos projets nous proposons un retour à un béton régional avec une composition moins technologique et plus naturelle.

La palette de possibilités étant très large, nous l'avons réduite, en fonction des constatations formulées ci-dessus, à une variation autour d'une composition locale idéale. En général, nous adoptons deux attitudes différentes : l'une concerne les bâtiments représentatifs ou les objets à un caractère unique, l'autre s'intéresse aux programmes qui composent la grande partie de la ville, tels les logements ou les bâtiments de services. Dans le premier cas, nous estimons que le choix de la matière peut être libéré des contraintes locales, les agrégats et ciments pouvant avoir des origines plus diverses. En ce qui concerne la deuxième catégorie, nous estimons que l'aspect identitaire d'une ville est prioritaire et l'usage d'une *recette locale* essentielle. La minéralité apparaît dès lors comme la matérialité volontaire d'une architecture modeste et responsable d'un processus de continuité urbaine.

L'évolution des techniques de construction est l'un des moteurs des changements de l'architecture. Pour notre part, nous utilisons la préfabrication dans la plupart de nos projets. Ce choix dicte les règles du processus de projet. Ces prérogatives nous permettent d'atteindre les objectifs économiques, mais aussi les délais et surtout la qualité d'exécution. Nous aimons l'approche qui, en dictant ses conditions, permet de mettre en évidence des thèmes qui nous intéressent, comme la matérialité. La préfabrication de la construction en béton induit une rationalisation des systèmes de construction qui peut conduire à un langage réduit, presque essentiel, particulièrement intéressant et puissant dans le cadre d'une architecture urbaine.

Nous représentons une génération d'architectes qui a la chance de beaucoup bâtir. Maîtriser le processus de construction est essentiel pour défendre nos idées et la qualité de l'objet réalisé. Cette caractéristique est intimement liée à l'architecture suisse qui trouve une partie de sa poésie dans l'exigence de qualité, la technique constructive et la précision de l'exécution. Combien de projets prometteurs se transforment en grandes déceptions durant la transition du papier à la pierre ? Cette constatation, nous pouvons plus facilement la faire quand les architectes ont mal géré ce passage ou, de plus en plus souvent, quand ceux-ci n'ont pas eu la maîtrise de l'exécution. Il nous semble dangereux de se distancer de cette phase du projet, pas tant pour la perte du contrôle d'une partie du processus, mais pour la perte d'un savoir-faire. Notre approche à l'architecture est fondamentalement liée à l'aspect construit et à la qualité du détail, la matérialité en représente l'exemple par excellence.

Au début de nos projets, le lieu et le programme fonctionnel constituent les aspects fondateurs de la mise en place d'une stratégie de projet. Très rapidement une idée de la matérialité et de forme urbaine s'installe dans le processus de conception. La grande échelle se confond avec la plus petite et ainsi naît ce qui fera les particularités essentielles de l'édifice. Pour décrire le caractère d'un bâtiment, nous privilégions des adjectifs communs qui permettent de transmettre un sentiment précis. Cette approche est attribuable au champ de la *phénoménologie* et de la *perception primaire*. La volonté d'utiliser des adjectifs communs rend possible à tout spectateur d'engager un processus de reconnaissance lui permettant de s'identifier au bâtiment observé. L'élément référentiel étant sa matière, bien sûr associée à la forme, nous y voyons une approche *concrète*. Sans l'intermédiaire de propos sémantiques ou empruntés à d'autres domaines artistiques et scientifiques, l'architecture puise son sens à l'intérieur de son domaine de compétence, devenant ainsi l'expression de *l'art de bâtir*.

MATERIALITY

Andrea Bassi and Roberto Carella

When we observe nature, our perception is closely connected to its form and materiality. We visually recognise them in the materials and especially their surfaces. The same applies to architecture: the dichotomy of form and material is inextricably linked to the way in which we see things. The strong emotional charging of material is an essential characteristic of the way things are.

In recent years, our *recherche patiente* has focused on a number of convictions, especially on the consciousness of a collective value of architecture. It appears to us that for a number of decades, the *unique object*, in its quality as a work of artistic, often self-referential spirit, has superseded a responsible vision of urban architecture. At the same time, the focus has been more on the individual monument than on the urban fabric, the living space of the city. Urban architecture is essentially collective. Instead of uniqueness, it seeks rules to share. It seeks to create a feeling of continuity, rather than one of exception, avoiding the spectacular. In search of urban architecture, we believe that simplicity, calm and profundity are necessary – in the hope of creating a lasting work.

The question of materiality is part of that search for common values. It pervades the entire history of architecture and is inscribed in the constructive and aesthetic rules of every period. It is closely connected to a form of architecture that is comprehensible to all who recognise *perception* to be central. In our projects, the question of material returns systematically like an essential need to characterise an object; that need is inseparable from the constructive principles. Our investigation is concrete and artisanal, with a focus on the internal rules of the profession. It is inherent in an architecture that believes in the *art of construction*, in a sense in the search for the *beautiful in the true*. The evidence of materiality becomes a loyal demonstration of a constructive decision. We enjoy recognising an equally urban and architectural dimension in materiality. In the old city, the act of artisanal building was directly connected to the building materials that existed in the region and the corresponding construction techniques. From ancient times to the 20th century, the old city was characterised by a homogeneous materiality where only monuments such as churches and prestigious state buildings expressed a different nature. Such permanence of identity is broken down with the development of contemporary technologies and a society in which personal freedom is considered to be more important than collective responsibility. The same applies to the architecture of simple buildings. They lose their expressive power as the diversity of forms and materials accumulates. It is not a question of returning to a uniform materialisation in the contemporary city. Instead, the aim is to recognise rules relating to the characteristic urban identity. Perhaps it would be advisable to return to stronger common convictions and a certain form of *Tendenza*.

The question of materiality is universal. It does not relate to any specific building material. There is no material or constructive system that is better or more interesting than another. We use an empirical process to investigate the potential of a constructive technique or a building material. Materiality expresses itself at the millimetres closest to the material's surface; there, in contact with the environment – exposed to light and atmospheric influences – is the place where materiality develops. At that particular moment, our view stimulates the senses, evoking emotions and sometimes even becoming poetic.

We carry out our continuous research with a spiritual openness towards a profession that combines a large number of participants in specific roles. In view of the wealth of information and everyday experiences, such curiosity requires permanent observation. It is manifested in our current projects, as well as in our experience in teaching and research, and especially in the interpretation of the reality around us. We are lucky enough to share our profession with builders with considerable skills. It enables us to convert intuition into actual experience. Samples and prototypes enable us to examine the intended effect of the imagined materiality in advance. That step is extremely important to compare the abstract intentions with the perception of reality, before they are applied to the scale of a building.

We have focused our considerations on concrete. The majority of contemporary cities are built with that material and according to the associated construction principles. Concrete plays a central role in architectural history, assuming countless forms in the period from the Romans to the current avant garde. It represents the urban construction material per se. We use it in a kind of *sensitised normality*. Without wanting to invent something new, we aim to use its expressive potential. However, we do apply current implementation methods and let the simplicity of its constitution of aggregates, cement and water speak for itself.

Concrete is a very sensitive material that can be changed easily by the choice of mineral aggregates and the treatment of its surface. In public opinion, the image of concrete has degenerated into a caricature; too often, its compositional recipe was trivialized, since it depended on its formwork.

It is relatively simple to turn one's back on such bad habits with current know how. Unlike other building materials, concrete has the natural ability to react to contradictions and conditions of the contemporary city and thereby permits an unmistakeable expressive diversity. We focus our work on grinding the surface to reveal the hidden building material, the constitution of which has been carefully selected in advance.

Concrete is a building material with a powerful regional manufacturing potential that can be excellently combined with principles of *ecological industry* and sustainable development. If desired, its constituents can be found in strictly limited surroundings, while its preparation and processing can often take place *in situ*. That aspect, as well as its recyclability, interests us especially. In our most recent building projects, we use aggregates and sand from local sources. In the case of cement, the market also offers a large range of products that fulfil this demand. Due to the existence of producers in the region, we have access to cement from within a radius of a few kilometres. In our projects, we offer a return to regional concrete with a less technological and more natural compositional recipe.

Although the range of possibilities is very broad, we have limited it to an ideal *regional compositional recipe* in accordance with the conclusions stated above. We generally have two different approaches: one pertains to prestigious buildings or those with a unique character. The second is interested in programmes for residential and office buildings, which form large parts of the city. In the first case, we find that the choice of materials can be made independently of regional limitations. Aggregates and cement can come from a range of different sources. With respect to the second category, we believe that the aspect of a city's identity should be a priority and that the use of regional concrete mixtures is essential. As a result, the mineral appearance of the concrete becomes the deliberate materiality of a modest, responsible architecture in the process of urban continuity.

The development of building and construction techniques is a driving force of transformation in architecture. In our projects, we largely use prefabricated building elements. That choice dictates the rules of the building process. Its characteristics allow us to adhere to budgets and schedules, and especially to ensure the quality of execution. We prefer this approach because it allows us to highlight the themes that interest us, such as materiality. Prefabricated concrete elements achieve the rationalisation of construction systems, leading to a reduced, almost essential form and can be especially exciting and powerful in the framework of urban architecture.

We belong to an architectural generation that has the opportunity to build a great deal. Controlling the building process is the most important aspect to defend our ideas and the quality of the intended building. That quality is closely connected to Swiss architecture, which derives part of its poetry from the demand for quality and building technique, as well as the precision of its implementation. How many promising projects turn into great disappointments during the transition from an idea to implementation? We see this when architects have led the process poorly or, as is increasingly the case, when they cannot supervise the construction themselves. We believe it is dangerous to distance oneself from a project during that stage, not only due to a lack of control over part of the building process, but also because of the loss of know how. Our approach to architecture is fundamentally connected to the aspect of construction and the quality of details, as is exemplified by the search for materiality.

At the beginning of each of our projects, the location and building programme become fundamental aspects of the project strategy. During the conceptual phase, an idea of the material and the major urban form is established very quickly. The large scale alternates with smaller ones, giving birth to what defines the essential character of the building. To describe the character of a building, we like to use common adjectives, which however allow us to communicate a precise feeling. That approach stems from the field of *phenomenology* and *primary perception*. In using everyday adjectives, we encourage observers to initiate a recognition process that allows them to identify with the building they are looking at. One referential element is the building material, which is naturally bound to the form and in which we detect a *concrete* approach. Without the mediation of expression derived from semantic or other artistic or scientific fields, architecture draws its significance from the core of the field of competence and develops an expression in the *art of building*.

GRÜNER ALPENSERPENTINIT
Gebrochenes Korngranulat   5–16 mm
Grau-Sand   0–5 mm
Grauzement
Grünes Kupferoxid   2 %
Schwarzes Eisenoxid
Polieren
Polyurethan

SERPENTINITE VERTE DES ALPES
Granulats concassés   5–16 mm
Sable gris   0–5 mm
Ciment gris
Oxyde de cuivre vert   2 %
Oxyde de fer noir
Polissage
Polyuréthane

GREEN SERPENTINITE FROM THE ALPS
Coarse granulate   5–16 mm
Grey sand   0–5 mm
Grey cement
Green copper oxide   2 %
Black iron oxide
Polishing
Polyurethane

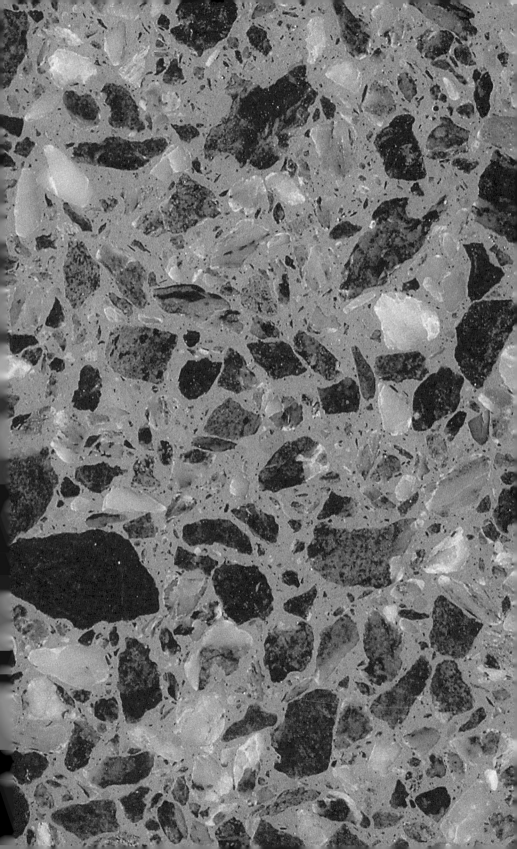

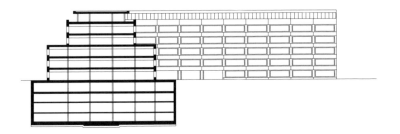

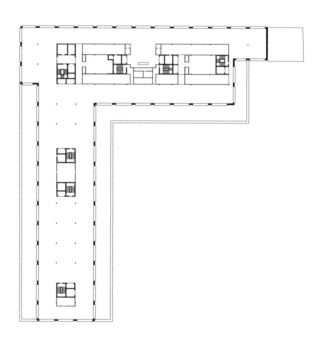

Banque Pictet & Cie,
Genf / Genève / Geneva (2001–2006)

27

GRAUER RHÔNE-KALKSANDSTEIN
Rundkies   8–16 mm
Grauer Rhône-Rundsand   0–8 mm
Grauzement
Sauber nach dem Ausschalen

SILICO-CALCAIRE GRIS DU RHÔNE
Granulats roulés   8–16 mm
Sable gris du Rhône roulé   0–8 mm
Ciment gris
Propre de décoffrage

GREY RHÔNE LIME SANDSTONE
Spherical pellets   8–16 mm
Grey Rhône round sand   0–8 mm
Grey cement
Clean after formwork removal

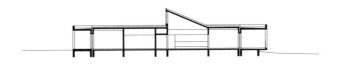

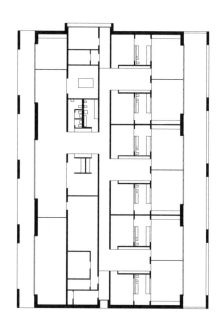

Kinderkrippe
Crèche
Crèche
Champs-Fréchets, Meyrin (2005–2008)

BEIGER KALKSANDSTEIN AUS DEM AIN
Gebrochenes Korngranulat   4–14 mm
Beiger Sand aus dem Ain   0–4 mm
Weisszement   50 %
Grauzement   50 %
Säurebehandlung

SILICO-CALCAIRE BEIGE DE L'AIN
Granulats concassés   4 –14 mm
Sable beige de l'Ain   0– 4 mm
Ciment blanc   50 %
Ciment gris   50 %
Acidage fin

BEIGE LIME SANDSTONE FROM THE AIN REGION
Coarse granulates   4–14 mm
Beige sand from the Ain region   0–4 mm
White cement   50 %
Grey cement   50 %
Acid treatment

34

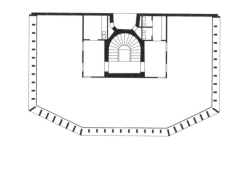

Gebäudeaufstockung
Surélévation d'un immeuble
Heightened building
Genf / Genève / Geneva (2007–2010)

GRAUER RHÔNE-KALKSANDSTEIN
Kies   60–180 mm
Sand, 3% pur   0–0,6 mm
Grauzement
Braunes Eisenoxid   3 %
Schwarzes Eisenoxid   0,5 %
Verzögerer und Auswaschung

SILICO-CALCAIRE GRIS DU RHÔNE
Galets   60–180 mm
Sable 3 % pur   0–0.6 mm
Ciment gris
Oxyde de fer brun   3 %
Oxyde de fer noir   0.5 %
Désactivage fin et hydrodémolition

GREY RHÔNE LIME SANDSTONE
Gravel   60–180 mm
Sand, 3% pure   0–0.6 mm
Grey cement
Brown iron oxide   3 %
Black iron oxide   0.5 %
Retarder and washing

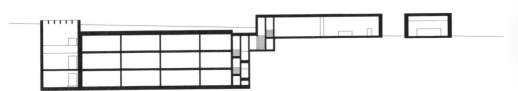

38

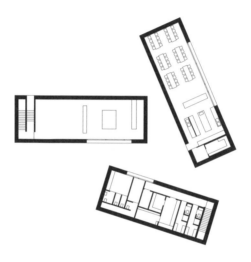

Herbarium des Botanischen Gartens
Herbier du Jardin Botanique
Herbarium of the Botanic Garden
Genf / Genève / Geneva (2007–2012)

GRAUER RHÔNE-KALKSANDSTEIN
Rundkies   8–16 mm
Grauer Rhône-Sand   0–8 mm
Weisszement
Titanoxid   3 %
Glatt und sauber nach dem
Herausnehmen aus der Gussform

SILICO-CALCAIRE GRIS DU RHÔNE
Granulats roulés   8 –16 mm
Sable gris du Rhône   0–8 mm
Ciment blanc
Oxyde de titane blanc   3 %
Lisse et propre de démoulage

GREY RHÔNE LIME SANDSTONE
Spherical granulates   8–16 mm
Grey Rhône sand   0–8 mm
White cement
Titanium oxide   3 %
Smooth and clean after removal
from the cast

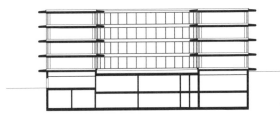

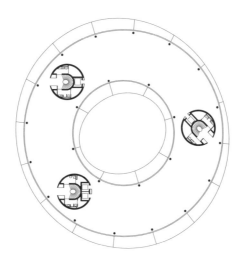

UEFA-Gebäude La Clairière
Bâtiment UEFA La Clairière
UEFA-building La Clairière
Nyon (2008–2010)

GRAUER RHÔNE-KALKSANDSTEIN
Gebrochenes Korngranulat   8–12 mm
Grauer Rhône-Sand   0–8 mm
Weisszement
Titanoxid   1 %
Mittlere Streuung

SILICO-CALCAIRE GRIS DU RHÔNE
Granulats concassés   8–12 mm
Sable gris du Rhône   0–8 mm
Ciment blanc
Oxyde de titane blanc   1 %
Sablage moyen

GREY RHÔNE LIME SANDSTONE
Crushed pebbles   8–12 mm
Grey Rhône sand   0–8 mm
White cement
Titanium oxide   1 %
Medium dispersal

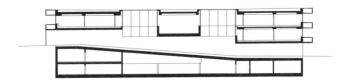

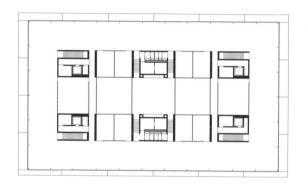

UEFA-Gebäude Bois-Bougy
Bâtiment UEFA Bois-Bougy
UEFA-building Bois-Bougy
Nyon (2010–2011)

Ein unumgänglicher Baustoff
Un matériau incontournable
An indispensible building material

Ein sachlicher Ansatz
Une approche concrète
A factual approach

Eine soziale Herangehensweise
Un processus social
A social process

Ein gewöhnliches Material
Une matière ordinaire
An ordinary material

Eine realistische Annäherung
Une approche réaliste
A realistic approach

Ein regionaler Baustoff
Une matière régionale
A regional building material

Ein leistungsfähiges Material
Un matériau performant
A high-performance building material

Ein bewährter Werkstoff
Un matériau éprouvé
A reliable building material

Eine konstruktive Herangehensweise
Une approche constructive
A constructive approach

Ein phänomenologischer Ansatz
Une approche phénoménologique
A phenomenological approach

Ein nachhaltiger Baustoff
Une matière durable
A sustainable building material

Ein kollektiver Ansatz
Une vision collective
A collective approach

Ein städtischer Baustoff
Un matériau urbain
An urban building material

Eine identitäre Annäherung
Un processus identitaire
An identity-building approach

Ein ökonomischer Werkstoff
Un matériau économique
An economic material

Eine einfache Herangehensweise
Un processus simple
A simple process

GRAUER RHÔNE-KALKSANDSTEIN
Grober Recycling-Kies   8–16 mm
Grauer Rhône-Sand   0–8 mm
Mauerwerkabbruch   8–16 mm
Grauzement
Verzögerer

SILICO-CALCAIRE GRIS DU RHÔNE
Grave recyclée concassée   8–16 mm
Sable gris du Rhône   0–8 mm
Matière inerte non triée de
déconstruction   8–16 mm
Ciment gris
Désactivé fin

GREY RHÔNE LIME SANDSTONE
Coarse recycled gravel   8–16 mm
Grey Rhône sand   0–8 mm
Recycled bricks   8–16 mm
Grey cement
Retarder

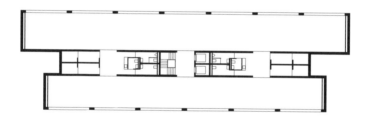

Mehrzweckgebäude
Immeuble multifonctionnel
Multifunctional building
Thônex (2016–2021)

Beige-weisser Botticino-Marmor
Kies   5–16 mm
Sand   0–3 mm
Weisszement
Glatt und sauber nach dem
Herausnehmen aus der Gussform

Marbre blanc-beige de Botticino
Granulats   5–16 mm
Sable   0–3 mm
Ciment blanc
Lisse et propre au démoulage

Beige-white Botticino marble
Granulate   5–16 mm
Sand   0–3 mm
White cement
Smooth and clean after removal
from the cast

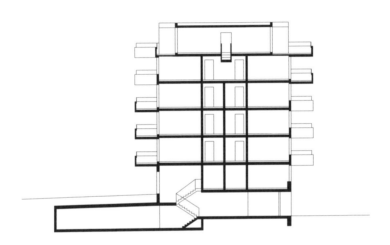

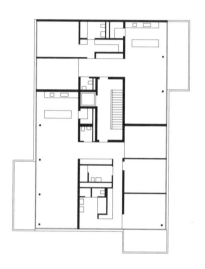

Wohngebäude
Immeuble d'habitation
Apartment building
Petit-Saconnex (2007–2012)

BEIGE-BRAUNER KALKSANDSTEIN AUS DER CHARTREUSE
Grobkies   4–15 mm
Beige gesprenkelter Sand aus dem Ain   0–4 mm
Grauzement
Weisszement
Verzögerer

SILICO-CALCAIRE BEIGE-BRUN DE CHARTREUSE
Granulats concassés   4–15 mm
Sable beige moucheté de l'Ain   0–4 mm
Ciment gris
Ciment blanc
Désactivé fin

BEIGE-BROWN LIME SANDSTONE FROM
THE CHARTREUSE REGION
Coarse granulate   4–15 mm
Beige sprinkled sand from
the Ain region   0–4 mm
Grey cement
White cement
Retarder

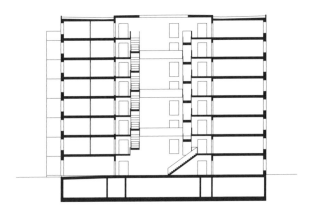

60

Sozialer Wohnungsbau
Immeubles de logements sociaux
Social housing
Lancy (2009–2014)

61

Beiger Kalksandstein aus dem Ain
Gebrochenes Korngranulat   4–15 mm
Beige gesprenkelter Sand aus dem Ain   0–4 mm
Weisszement
Verzögerer

Silico-calcaire beige de l'Ain
Granulats concassés   4–15 mm
Sable beige moucheté de l'Ain 0–4 mm
Ciment blanc
Désactivé fin

Beige lime sandstone from the Ain region
Coarse granulate   4–15 mm
Beige sprinkled sand from
the Ain region   0–4 mm
White cement
Retarder

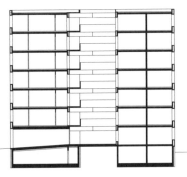

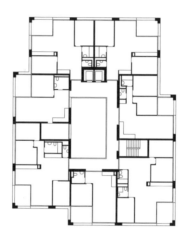

Wohngebäude
Immeubles d'habitation
Apartment buildings,
Lancy (2014–2018)

65

ELEGANT ELÉGANT ELEGANT

GRAUER RHÔNE-KALKSANDSTEIN
Rundkies   8–16 mm
Grauer Rhône-Sand   2–8 mm
Grauzement
Braunes Eisenoxid   3 %
Schwarzes Eisenoxid   2 %
Glatt und sauber nach dem
Herausnehmen aus der Gussform

SILICO-CALCAIRE GRIS DU RHÔNE
Granulats roulés   8–16 mm
Sable gris du Rhône   2–8 mm
Ciment gris
Oxyde de fer brun   3 %
Oxyde de fer noir   2 %
Lisse et propre de démoulage

GREY RHÔNE LIME SANDSTONE
Round granulate   8–16 mm
Grey Rhône sand   2–8 mm
Grey cement
Brown iron oxide   3 %
Black iron oxide   2 %
Smooth and clean after removal
from the cast

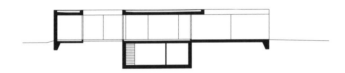

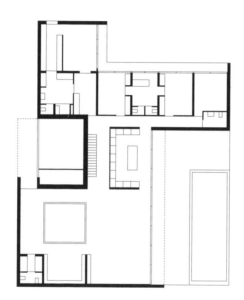

Villa, Vésenaz (2009–2011)

WEISSER CARRARA-MARMOR
Gebrochenes Korngranulat von der Rhone   4–14 mm
Weisser Carrara-Marmor   5–16 mm
Grauer Rhône-Sand
Grauzement
Weisszement
Verzögerer

MARBRE BLANC DE CARRARE
Granulats concassés du Rhône   4–14 mm
Marbre blanc de Carrare   5–16 mm
Sable gris du Rhône
Ciment gris
Ciment blanc
Désactivé moyen

WHITE CARRARA MARBLE
Rhône pebbles   4–14 mm
White marble from Carrara 5–16 mm
Grey Rhône sand
Grey cement
White cement
White cement
Deactivated material

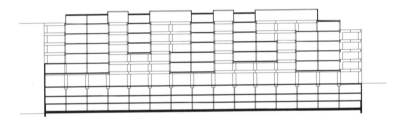

72

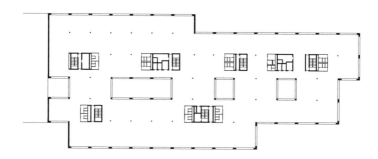

Multifunktionelles Zentrum und Gemeindeverwaltung
Centre multifonctionnel et services communaux
Multifunctional centre and municipal services
Plan-les-Ouates (2010–2015)

GRAUER KALKSANDSTEIN
Grauer Kalksandstein	8–16 mm
Porphyr-Sand	0–8 mm
Zerstossener Ton	0–2 mm
Grauzement	
Rotes Eisenoxid	3 %
Schwarzes Eisenoxid	1 %

SILICO-CALCAIRE GRIS
Silico-calcaire gris	8–16 mm
Sable de porphyre	0–8 mm
Terre cuite pilée	0–2 mm
Ciment gris	
Oxide de fer rouge	3 %
Oxide de fer noir	1 %

GREY LIME SANDSTONE
Grey lime sandstone	8–16 mm
Porphyry sand	0–8 mm
Pounded clay	0–2 mm
Grey cement	
Red iron oxide	3 %
Black iron oxide	1 %

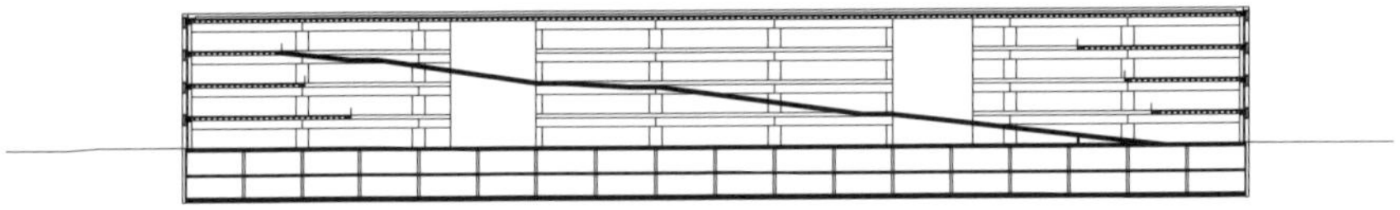

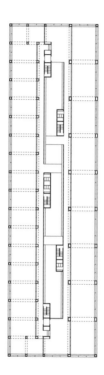

Universitätscampus SUPSI
Campus universitaire SUPSI
University campus SUPSI
Mendrisio (2012–2020)

WERKVERZEICHNIS
SÉLECTION DES ŒUVRES
LIST OF WORKS

2003–2005   Groupe scolaire et crèche économique
             Chemin des Ouches 19, Genève

2001–2006   Banque Pictet & Cie
             Route des Acacias 60, Genève

2003–2005   Ecole primaire de la Maladière
             Avenue du Mail 13, Neuchâtel

2005–2008   Crèche Champs-Fréchets
             Rue des Lattes 69, Meyrin

2008–2010   Bâtiment UEFA La Clairière
             Avenue de Bois-Bougy 2, Nyon

2007–2012   Immeuble d'habitation
             Chemin des Fleurettes 3, Petit-Saconnex

2010–2011   Bâtiment UEFA Bois-Bougy
             Avenue de Bois-Bougy 2, Nyon

2009–2014   Immeuble de logements sociaux
             Chemin de compostelle 1/3/5/7, Lancy

2013–2015   Villa
             Route de Vandœuvres 81, Vandœuvres

2007–2010   Surélévation d'un immeuble
             Rue Bovy-Lysberg 2, Genève

2007–2012   Herbier du Jardin Botanique
             Chemin de L'Imperatrice 1, Pregny-Chambésy

2010–2015   Centre multifonctionnel et services communaux
             Chemin du Pré-Fleuri 3–5, Plan-les-Ouates

2014–2018   Immeuble d'habitation
             Chemin de Compostelle 16/20/24, Lancy

2017–2018   Habitations groupées
             Chemin de Saussac 15, Troinex

2012–2020   Campus universitaire SUPSI,
             Rue Francesco Catenazzi, Mendrisio

2015–2020   Immeuble d'habitation et crèche
             Chemin du Pré-de-la-Raisse 1–17, Plan-les-Ouates

2013–2021   Immeuble d'habitation et d'activités
             Les communaux d'Ambilly, Thônex

2013–2022   Immeubles d'habitation
             Chemin de la Chevillarde 11, 11 A/B/C, Chêne-Bougeries

2014–2022   Immeubles multifonctionnels
             Chemin des Coudriers 26, Petit-Saconnex

2010–2022   Immeubles d'habitation
             Chemin Ella-Maillart 1–19, Genève

BIOGRAFIEN
BIOGRAPHIES
BIOGRAPHIES

ANDREA BASSI

1964	geboren in Lugano
1985	Architekturstudium an der Fachhochschule Lugano
1991	Magister an der Ecole d'Architecture et d'Urbanisme, Genf
1991–1993	Projektleiter im Büro Burkhalter & Sumi, Zürich
1994–2005	Eigenes Architekturbüro
2005	Gründung von Bassicarella Architectes, Partner und Vorstandsmitglied
2007–2015	Professur an der ETH Lausanne
2018	Gründung von Bassi Carella Marello Architectes

1964	Né à Lugano
1985	Etudes d'architecture à la HES/ETS, Lugano
1991	MA/EAUG, Genève
1991–1993	Chef de projet dans l'atelier Burkhalter & Sumi, Zurich
1994–2005	Atelier d'architecture indépendant
2005	Création du bureau Bassicarella Architectes, associé-administrateur
2007–2015	Professeur de projet à l'EPF Lausanne
2018	Création du bureau Bassi Carella Marello Architectes

1964	Born in Lugano
1985	Studied Architecture at the Lugano University of Applied Sciences
1991	MA at the Ecole d'Architecture et d'Urbanisme, Geneva
1991–1993	Project Manager, Burkhalter & Sumi, Zurich
1994–2005	Own architectural office
2005	Founded Bassicarella Architectes, Partner and Board Member
2007–2015	Professor at the EPF Lausanne
2018	Founded Bassi Carella Marello Architectes

ROBERTO CARELLA

1963	geboren in Bern
1983	Architekturstudium an der Ecole d'Architecture et d'Urbanisme, Genf
1983–1994	Tätigkeit als Techniker im Büro Damay Montessuit Carlier, Carouge; Architekt bei François Maurice, Genf
1994–2005	Eigenes Architekturbüro
2005	Gründung von Bassicarella Architectes, Partner und Vorstandsmitglied
2014–2017	Projektleiter Architektur an der ETH Lausanne
2018	Gründung von Bassi Carella Marello Architectes

1963	Né à Berne
1983	Etudes d'architecture à la HES/EIG Genève
1983–1994	Technicien au sein de l'atelier Damay Montessuit Carlier, Carouge; Architecte dans l'atelier François Maurice, Genève
1994–2005	Atelier d'architecture indépendant
2005	Création du bureau Bassicarella Architectes, associé-administrateur
2014–2017	Chargé de cours sur la gestion du projet d'architecture à l'EPF Lausanne
2018	Création du bureau Bassi Carella Marello Architectes

1963	Born in Bern
1983	Studied Architecture at the Ecole d'Architecture et d'Urbanisme, Geneva
1983–1994	Technician for Damay Montessuit Carlier, Carouge; Architect for François Maurice, Geneva
1994–2005	Own architectural office
2005	Founded Bassicarella Architectes, Partner and Board Member
2014–2017	Project Leader, Architecture at the EPF Lausanne
2018	Founded Bassi Carella Marello Architectes

BASSI CARELLA MARELLO ARCHITECTES

Andrea Bassi und Roberto Carella arbeiten seit 1996 zusammen, 2005 gründen sie gemeinsam BASSICARELLA ARCHITECTES. 2010 kommt Stefano Marello hinzu, 2015 dann Christine Emmenegger. Aufgrund dieser Veränderungen heisst das Büro seit 2018 offiziell Bassi Carella Marello Architectes.

Heute gehören zum Büro vier Teilhaber, drei Partner und 35 Mitarbeiter, 40% von ihnen sind Frauen. Bis jetzt wurden sämtliche Projekte in der Schweiz verwirklicht.

Eine Reihe von Ausstellungen und Artikeln sowie nationaler und internationaler Publikationen haben die wichtigsten Bauten des Büros bekannt gemacht. Einige der Arbeiten wurden 2006 und 2010 mit der Distinction Romande d'Architecture ausgezeichnet.

Andrea Bassi et Roberto Carella collaborent depuis 1996, et ont créé l'entité BASSICARELLA ARCHITECTES en 2005. Stefano Marello les rejoint en 2010 et Christine Emmenegger en 2015. Afin d'officialiser ces changements, le bureau devient Bassi Carella Marello Architectes en 2018.

Aujourd'hui le bureau est composé de 4 associés, 3 partenaires et 35 collaborateurs. 40% des membres de la structure sont des femmes. A ce jour, 100% des projets réalisés l'ont été en Suisse.

Diverses expositions, ainsi que des articles et des publications nationales et internationales ont permis de faire découvrir leurs principales réalisations. Certains de leurs travaux ont reçu la Distinction Romande d'Architecture en 2006 et 2010.

Andrea Bassi and Roberto Carella have been working together since 1996. In 2005, they co-founded BASSICARELLA ARCHITECTES. In 2010, they were joined by Stefano Marello, followed by Christine Emmenegger in 2015. To make this change official, in 2018, the group took the name Bassi Carella Marello Architectes. Today, the studio has four associates, three partners and 35 collaborators, of which 40% are women. So far, all the projects undertaken by the studio have been built in Switzerland. Their most important projects have been featured in a series of national and international exhibitions, articles and publications.

In 2006 and 2010, the office was awarded the Distinction Romande d'Architecture.

AUSSTELLUNGEN
EXPOSITIONS
EXHIBITIONS
2011–2018

2011   Béton, conférence – colloque, École polytechnique fédérale Lausanne,
              Lausanne
              Matérialité, exposition de l'International institute of architecture,
              Vico Morcote

2012   Cadrages, conférence à l'Ecole nationale supérieure d'architecture de Toulouse,
              Toulouse
              Ready, conférence à la Technische Universität, Berlin
              Neuf architectes, neufs propositions d'habiter, exposition à la
              Villa Noailles, Noailles

2014   Precast concrete buildings between research & reality, Moskau
              Architektur 0.14, exposition Architecture urbaine responsable, Zürich

2017   Appunti di una Ginevra urbana, conférence Cities Connection Project
              Lugano

PUBLIKATIONEN
PUBLICATIONS
PUBLICATIONS

2004   Andrea Bassi, Figures, Quart Verlag, Luzern

2016   Andrea Bassi et Roberto Carella, Matérialité, Quart Verlag, Luzern

2017   EPFL dir. Andrea Bassi, Terra Incognita, Orizzonti et Materia, éd. Infolio

BIBLIOGRAFIE
BIBLIOGRAPHIE
BIBLIOGRAPHY

1991   Concorso scuole medie di Breganzona. In: Rivista Tecnica Nr. 1/2

1997   Une maison au Tessin. In: ARCHImade Nr. 58
              P. Meyer: Doublages. Extension d'un chalet à Verbier. In: Faces Nr. 41/97
              Concorso per il teatro Kursaal a Lugano. In: Rivista Tecnica Nr. 11/12
              Christoph Bignens: Zwei Häuser eine Ansicht. In: Archithese Nr. 1
              Martin Tschanz: Entwurf als Interpretation. In: Archithese Nr. 2

1998   Casa Festa Rovera-Rigo a Bosco Luganese. In: Archi Nr. 4
              Concorso per il centro civico Viarnetto a Pregassona. In: Archi Nr. 5/6
              Benedikt Loderer: Die Architekten wollen nur Architekten sein. In:
              Bilanz Nr. 5 (Sonderbeilage Bauen & Wohnen)
              Deux villas individuelles avec piscine à La Capite. In: Faces Nr. 45
              La finestra minimale. In: Rivista Tecnica, Nr. 2

1999	Maisons mitoyennes à Novazzano. In: AS – Architecture Suisse Nr. 135
	Casa doppia a Novazzano. In: Rivista Tecnica Nr. 5/6
	Andrea Felicioni: Giovani architetti svizzeri. In: Spazio & Società Nr. 4
2000	Concorso d'architettura internazionale Riva Lago Paradiso. In: Archi Nr. 4
	Centre de diagnostic radiologique à Carouge. In: AS – Architecture Suisse Nr. 139
	Peter Omachen: Urbanes Bauen mit prägnanten Formen in ländlicher Umgebung. In: Neue Zürcher Zeitung, 01. September
	Concours récents. Ecole primaire de la Maladière. In: Tracés Nr. 12
	P. Fumagalli: Bauen im Tessin – Elf ausgewählte Bauten jüngerer Architekten. In: Werk, Bauen + Wohnen Nr. 11
2001	Viviane Scaramiglia: Vision cubique zen et transparente. In: Bâtir Nr. 8
	Hubertus Adam: Verschluss, Blende, Objektiv. In: Bauwelt Nr. 41
	J.-F. Pousse: Suisse, identité. Paysage privé. In: Technique & Architecture Nr. 457
	J. Bell / L. Houseley: Swiss Survey – Architecture. In: Wallpaper, Mai
	Bernard Zurbuchen: Wettbewerb MICROMEGA. In: Werk, Bauen + Wohnen Nr. 7/8
2002	Casa con piscina a Ginevra. In: Archi Nr. 2
	Due concorsi per residenze private. In: Archi Nr. 12
	Wohnhaus 504.080/122.720 am Genfer See. In: Architektur + Wettbewerbe Nr. 189
	Axel Simon: Urbane Campagne. Andrea Bassi: Vier Villen. In: Archithese Nr. 1
	Kubische Visionen. In: Raum und Wohnen Nr. 3
	Francesco Della Casa: Projeter dans la «ville verte», territoire né sans volonté. In: Tracés Nr. 1
2003	Andrea Bassi ou l'architecture minimaliste. In: Heimatschutz – Patrimoine Nr. 3
	Last Century Modern. In: Wohn Design Nr. 2
	Herzstück. In: Wohnrevue Nr. 5
2004	In der Lichtung. In: Architektur + Technik Nr. 4
	Gilbert Russbach: Villa à Nyon. In: Faces Nr. 54
	Benedikt Loderer: Eine plane Haut. In: Hochparterre Nr. 4 (Beilage Swissfiber)
	La Caja de Cristal. In: Nuevo Estilo Nr. 69 (Beilage diseño y arquitectur)
	Ton in Ton. In: Raum und Wohnen Nr. 3
	Martin Tschanz: Städte im Kleinen. Typologische Neuerungen im Schulhausbau. In: Werk, Bauen + Wohnen Nr. 1/2
2005	Reflexionen über Beton. In: MD – International Magazine of Design Nr. 3
2006	Les Ouches: école, crèche et équipements de quartier. In: AS – Architecture Suisse Nr. 160
	Energie: Label en or pour Neuchâtel. In: Batimag Nr. 27 (Docu Media Suisse)
	François Busson: Rubik's Cube écologique. In: Bâtir Nr. 2
	Villa in Collonge-Bellerive, Geneva. In: International review of architecture Nr. 11
	Villa a Nyon, Svizzera. In: L'industria delle costruzioni 391, September/Oktober
	Plástico plástico. In: Nuevo Estilo Nr. 81 (Beilage diseño y arquitectura)
	Francesco Della Casa: Expo.02, que reste-t-il de nos amours? In: Tracés Nr. 7
	Francesco Della Casa: Les Ouches, un dialogue entre voisins. In: Tracés Nr. 10

2006	Sabine von Fischer: Da-Durch. In: Werk, Bauen + Wohnen Nr. 3
	Charles Pictet: Fernsehen von ferne zu sehen. In: Werk, Bauen + Wohnen Nr. 3
	Bernard Zurbuchen: Scheinbar schwerelos. In: Werk, Bauen + Wohnen Nr. 6
	Futuristico. In: Wohnrevue Nr. 3
2007	Centro scolastico di Ouches a Ginevra. In: Archi Nr. 4
	Construction du siège de la Banque Pictet & Cie. In: AS – Architecture Suisse Nr. 167
	Annie Admane: Pictet en ses nouveaux quartiers. In: Batir Nr. 9
	Mirko Gentina: Dem Erdbeben zum Trotz. In: Der Bauingenieur Nr. 9
	Tarramo Bronnimann: Habit d'arlequin. In: Faces Nr. 64
	Jacques Lucan: Mon béton est plus beau que la pierre. In: Faces Nr. 65
	Roderick Hönig: Bank Pictet Genf: Polierter Vorgeschmack. In: Hochparterre Nr. 9
	Francesco Della Casa: Entre privé et public, relations urbaines. In: Tracés Nr. 18
	Philippe Meier: Grundlegende Gestalt. In: Werk, Bauen + Wohnen Nr. 3
	Jacques Lucan: Mein Beton ist schöner als Stein. In: Werk, Bauen + Wohnen Nr. 9
2008	Il cristallo multimediale. In: Archi Nr. 6
2009	Un nouveau siège tout en rondeur. In: Batimag Nr. 11 (Docu Media Suisse)
	Massimo Simone: Balle au centre. In: Chantiers & Rénovations Nr. 10
	Lumineux et ludique. In: SZS Steeldoc Nr. 3
2010	Contemporary Swiss Architecture – Andrea Bassi. In: Architecture & Urbanism Nr. 98/99
	UEFA, Centre de services à Nyon. In: AS – Architecture Suisse Nr. 179
	Michael Brüggemann: Ein Haus trägt Kappe, UEFA-Verwaltungsgebäude in Nyon. In: DBZ – Deutsche BauZeitschrift Nr. 7
	Elsbeth Heinzelmann / Andreas Flückiger: Le nouvel immeuble de l'UEFA à Nyon. In: La Revue Polytechnique Nr. 6/7
	Grüne UEFA. In: Modulor Nr. 7
	Espace de vie enfantine Champs-Fréchets, Meyrin. In: Werk, Bauen + Wohnen Nr. 9
2011	Centro amministrativo UEFA di Nyon. In: Archi Nr. 4
	Il «tetto collina». In: Archi Nr. 5
	Sopralevare a Ginevra. In: Archi Nr. 6
	UEFA New Office Building, La Clairière. In: Architecture & Detail Nr. 3
	Massimo Simone: Léger comme du béton. In: Chantiers & Rénovations Nr. 8
	Thierry Voellinger: Schlank und effizient. In: Werk, Bauen + Wohnen Nr. 1/2
	Sur l'architecture, surélévation d'un immeuble à Genève. In: Faces Nr. 70
2012	Six ans déjà! Et alors? In: Interface Nr. 17
	Costruire il paesaggio. In: Magazine dell'Ordine degli Architetti Nr. 2
	Il palazzo La Clairière della UEFA a Nyon. In: Ticino Management Nr. 4
2013	Abitare a Ginevra / Appartamenti in Chemin des Fleurettes / La Chapelle / Residenza Pré-Babel. In: Archi Nr. 3
	Massimo Simone: La Chapelle, Let the sunshine in! In: Chantiers & Rénovations Nr. 3
	Mendrisio, Scelto il progetto per il campus della SUPSI. In: Corriere del Ticino, 2. Februar

2013 So soll der Campus der Tüftler aussehen. In: Tessiner Zeitung,
08. Februar
Sebastiano Giannesini: Infrastruktur für Ideen. In: Werk, Bauen + Wohnen Nr. 9

2014 Perfektion ohne Profil. In: Tec 21 Nr. 7/8

2015 Extension de l'herbier et création d'espaces d'accueil du public Conservatoire
et Jardin botaniques Genève. In: AS – Architecture Suisse Nr. 198
Marielle Savoyat: Du mystère à la découverte. In: VISO Nr. 5 (Docu Media)

2016 Pavillon d'été du Petit-Lac à Sierre. In: Athitextdesign Romania Nr. 2.
A Construi peisajul (construire le paysage).

2017 Villa Urbaine, Rue du clos aux Eaux-Vives
Monica d'Andrea: La jungle dans la ville. In: Le Magasine du Temps
Centre multifonctionnel et services communaux (Skylab) à Plan-les-Ouates.
In: AS – Architecture Suisse Nr. 205

    Immeuble Place du Cirque à Genève
Daniel Meyer, Astrid Staufer, Daniel Stockhammer (dir.): Continuer en acier
L'architecture de la surélévation. In: Park Books, Zürich

2018 Immeuble Place du Cirque à Genève
Christophe Joud, Bruno Marchand (dir.): Surélévations, Conversations
urbaines. In: Infolio, Gollion

2019 Immeuble de logements sociaux à Lancy
Philipp Meuser: Industrieller Wohnungsbau. In: DOM publishers, Berlin

Andrea Bassi, Roberto Carella
Materialität / Matérialité / Materiality
5. Band der Reihe Bibliotheca / Volume 5 de la série
Bibliotheca / Volume 5 of the series Bibliotheca

Herausgeber / Edité par / Edited by: Heinz Wirz, Luzern
Projektleitung / Direction de projet / Project management:
Quart Verlag, Linus Wirz
Textlektorat Deutsch / Relecture des textes allemands /
German text editing: Miriam Seifert-Waibel, Hamburg
Textlektorat Französisch / Relecture des textes français /
French text editing: Yves Minssart, Saint-Avertin F
Übersetzung Französisch–Deutsch / Traduction
français–allemand / French–German translation:
Wolfgang Bernard, Berlin
Übersetzung Deutsch–Englisch / Traduction
allemand–anglais / German–English translation:
Benjamin Liebelt, Berlin
Fotos / Photos: Didier Jordan, Genf und/et/and
BASSICARELLA ARCHITECTES
Redesign: BKVK, Basel – Beat Keusch,
Angelina Köpplin-Stützle
Grafische Umsetzung / Réalisation graphique /
Graphical layout: BASSICARELLA ARCHITECTES, Quart Verlag
Lithos: Printeria, Luzern
Druck / Impression / Printing: Gulde Druck, Tübingen D

2., überarbeitete Neuauflage / 2ème version modifiée /
2nd, revised edition
© Copyright 2019
Quart Verlag Luzern, Heinz Wirz
Alle Rechte vorbehalten / Tous droits réservés / All rights
reserved
ISBN 978-3-03761-214-9

Originalausgabe 2016 / Édition originale 2016 /
1st edition 2016 (ISBN 978-3-03761-115-9)

Der Quart Verlag wird vom Bundesamt für Kultur mit einem
Strukturbeitrag für die Jahre 2016–2020 unterstützt.

Quart Verlag bénéficie du soutien de l'Office fédéral de la
culture par une contribution structurelle couvrant la
période 2016–2020.

Quart Verlag has received the support of the Swiss Federal
Office of Culture with a structural contribution for the
years 2016–2020.

Quart Verlag GmbH
Denkmalstrasse 2, CH-6006 Luzern
books@quart.ch, www.quart.ch

Quart Verlag Luzern

Bibliotheca – Schriften zu Themen der Architektur
6   Andrea Bassi, Roberto Carella:
     Präsenz / Présence / Presence (de/fr/en)
5   Andrea Bassi, Roberto Carella:
     Materialität / Matérialité / Materiality (de/fr/en)
4   Manfred Sack: Verlockungen der Architektur. Kritische Beobachtungen
     und Bemerkungen über Häuser und Städte, Plätze und Gärten (de)
3   Miroslav Šik: Altneue Gedanken (de)
2   Markus Breitschmid: Der bauende Geist. Friedrich Nietzsche und
     die Architektur (de)
1   Francesco Collotti: Architekturtheoretische Notizen (de und it)

De aedibus – Zeitgenössische Schweizer Architekten und ihre Bauten
77   Lin Robbe Seiler (de/en und de/fr)
76   Meier Leder (de/en)
75   Butikofer de Oliveira Vernay (de/en)
74   Elisabeth & Martin Boesch (de/en)

De aedibus international
16   Schenker Salvi Weber – Wien (de/en)
15   Henley Halebrown – London (de/en)
14   Walter Angonese – Kaltern/Caldaro (de/en)
13   architecten de vylder vinck taillieu – Gent (de/en)
12   De Smet Vermeulen architecten – Gent (de/en und nl/fr)

Anthologie – Werkberichte junger Architekten
40   Kim Strebel (de; extra sheet with English translation)
39   Beer Merz (de; extra sheet with English translation)
38   HDPF (de; extra sheet with English translation)
37   clavienrossier (de; extra sheet with English translation)

Quart Verlag GmbH, Heinz Wirz; Verlag für Architektur und Kunst
Denkmalstrasse 2, CH-6006 Luzern; books@quart.ch, www.quart.ch